This Book Belongs To

....

....

ARE YOU READY TO PLAY I SPY

I Spy With My Little Eye
SOMETHING START WITH
Q

Q

is for...

Queen bee

I Spy With My
Little Eye
SOMETHING
START WITH
S

S

is for...

Scarab

I Spy With My
Little Eye
SOMETHING
START WITH
S

S
is for...
Silverfish

I Spy With My
Little Eye
SOMETHING
START WITH
T

T

is for...

Termite

I Spy With My
Little Eye
SOMETHING
START WITH
T

T is for...
THRIP

I Spy With My
Little Eye
SOMETHING
START WITH
W

W

is for...

Weevil

I Spy With My
Little Eye
SOMETHING
START WITH
W

W
is for...
wasp

I Spy With My
Little Eye
SOMETHING
START WITH
W

W

is for...

Water bug

I Spy With My Little Eye
SOMETHING
START WITH
y

Y
is for...
Yellowjacket

I Spy With My
Little Eye
SOMETHING
START WITH
B

B

is for...

Butterfly

I Spy With My Little Eye
SOMETHING
START WITH
G

G is for...

GRASSHOPER

I Spy With My
Little Eye
SOMETHING
START WITH
M

M
is for...
Mosquito

BONUS

WORD SEARCH

O G B Q S J G L J J Y V W E R I S F I G R H
B J H U Z E L P N T E S K B K O Z L W E T N
N W U R Q N C B R J U S H K U I R J J S M X
Q O Y G R Q T S G D Z B J B M L S T X A D S
T G X P W M M W Z Y E L L O W J A C K E T N
B E Z D G R A S S H O P E R A D U F Y X S Y
B U T T E R F L Y W Z C Y P T Z S I Q S D O
M G O I M R V Y Q E L A V S E D J R U A U A
F H K N M X D E B E V V T Q R K J S E Q P G
M W Y V W Q D A N V B P L H E M I E L D Z
F Z U T F Y S S H I H M C X B U I L N N A B
M K F Q T Q S J T L Q W L H U H Y V R Y K
R Y F J V I C P F N W A X P G K Y E B H D W
K A Y G H Z S U L N R E D P M C T R E O H I
Y V H I H N C E T W J O X J V P D F E X W T
C J T J Q W A N Q M C V H C S Z V I R N V Q
Y E W A S P R T J N A P L F P V C S Y V A Q
P C D U Y J A P T E R M I T E Z X H O N T I
N T H R I P B R U H Y C U W R L Z C R P B X
Q U X M O S Q U I T O L A G O U T Z K F V N
I N W D W X Y B Y C R C Y X W J K C A C K R
V B E X N U I F L R P R H S J H V A J G M P

SILVERFISH , THRIP , MOSQUITO , TERMITE , GRASSHOPER , QUEEN BEE , WATER BUG , WASP ,
WEEVIL , SCARAB , BUTTERFLY , YELLOWJACKET

H P L D C X R S K D M Y G A S T E R M I T E
S G M R S P A E U U F K Y A M Z S A R M W A
Z B M K X A W D M L Y M Q D B H C U A E F O
G U M G T H R I P G X S X U L O J F F Y Q K
E T B Q F I K M S I L V E R F I S H P E P W
S T G U Z O B G R F K E B S T I Q E E L J U
F E F E T P A P S W L D L T Z Y N O G L E W
D R H E L Y C C P E J B M O S Q U I T O A G
N F H N G S L Q E P V G Y X Y F M Q W A M
S L W P T V S M V H B R F T F B A H J X S
C Y X B Y F Y P L I C O A B W I S R U A C D
A M A E P L U R G L U R S J U M C A V C W V
R J T E R S R K V K P H S C A H M F M K Q C
A U Z U B Q Y F X Z V O H R E W A S P E E J
B R M V E M D Z C M Q R O F P G B N L T U Z
K O O Z I B V Y F J G G P N D U E O R B A K
O N U X H D Y X D V X J E M F R P E P I L O
V O Y H M C U J U B J X R K Q N R J N J V J
T I H V H S M N N E H V S J E Y F B X P J Y
M O O Y J P U Z E D I N C Y U M U R X S C P
H X R Y E D O E A N X J Q Y R N Z K P M E B
V Y Y B B S J W A T E R B U G F R Q W R H

SCARAB , WATER BUG , SILVERFISH , WASP , YELLOWJACKET , BUTTERFLY , QUEEN BEE ,
MOSQUITO , WEEVIL , TERMITE , THRIP , GRASSHOPER

W C H W A S P Z U C S V R G V G A V M R M L
H E B V E A G X U T I G V R P T M K J A X V
A V Y N E L M W H S L J G R A S S H O P E R
P Q N Q G O N I F N V V X Q V Z D L F L E Q
Y S U A V A O Z H H E G H E D C Q W M E E U
A M S S R R Q O X M R O M N R W P Q N I P E
U X C G A G J J R N F J R Y P Z W Q Y F V E
X Y A R O M O S Q U I T O J T W J H E Y Z N
Z H R W O D A U T P S O A U U X H K L T V
P H A W Q L D E D I H W D B V H T B W P E B
Y O B S D T C H A N O H A X Y J E I H U K E
F I K U F X L B U T T E R F L Y P S Q B S E
B W M G X O W E E V I L F L L T O R S F A S
Q J R W A T E R B U G D W D N M M M S G O
A K N T X F F J R I Z R H H L J T X K W L O
C F G S Z J F K E G K V P R T L E U T P A G
C X I G Y E L L O W J A C K E T R L T E F A
T H R I P Q G D Z Q N I Y Z W E M W C H L B
T C J D S O R L D I T R T O D N I S C G J I
B Z P M Q Y N W Z W D G O R O S T V R I U L
R U O E T E B Z Y F P L X Q G V E Q D Z F O
N C N S F L U C B S F T N M A C K F M H G J

BUTTERFLY , SCARAB , WATER BUG , WASP , TERMITE , WEEVIL , THRIP , MOSQUITO ,
SILVERFISH , YELLOWJACKET , QUEEN BEE , GRASSHOPER

Solutions

```
O G B Q S J G L J J Y V W E R I S F I G R H
B J H U Z E L P N T E S K B K O Z L W E T N
N W U R Q N C B R J U S H K U I R J J S M X
Q O Y G R Q T S G D Z B J B M L S T X A D S
T G X P W M M W Z Y E L L O W J A C K E T N
B E Z D G R A S S H O P E R A D U F Y X S Y
B U T T E R F L Y W Z C Y P T Z S I Q S D O
M G O I M R V Y Q E L A V S E D J R U A U A
F H K N M X D E B E V V T Q R K J S E Q P G
M W Y V W Q D A N V B P L H   E M I E L D Z
F Z U T F Y S S H I H M C X B U I L N N A B
M K F Q T Q S J T L Q W L H U H Y V   R Y K
R Y F J V I C P F N W A X P G K Y E B H D W
K A Y G H Z S U L N R E D P M C T R E O H I
Y V H I H N C E T W J O X J V P D F E X W T
C J T J Q W A N Q M C V H C S Z V I R N V Q
Y E W A S P R T J N A P L F P V C S Y V A Q
P C D U Y J A T E R M I T E Z X H O N T I
N T H R I P B R U H Y C U W R L Z C R P B X
Q U X M O S Q U I T O L A G O U T Z K F V N
I N W D W X Y B Y C R C Y X W J K C A C K R
V B E X N U I F L R P R H S J H V A J G M P
```

SILVERFISH, THRIP, MOSQUITO, TERMITE, GRASSHOPER, QUEEN BEE, WATER BUG, WASP,
WEEVIL, SCARAB, BUTTERFLY, YELLOWJACKET

H P L D C X R S K D M Y G A S T E R M I T E

S G M R S P A E U U F K Y A M Z S A R M W A

Z B M K X A W D M L Y M Q D B H C U A E F O

G U M G T H R I P G X S X U L O J F F Y Q K

E T B Q F I K M S I L V E R F I S H P E P W

S T G U Z O B G R F K E B S T I Q E E L J U

F E F E T P A P S W L D L T Z Y N O G L E W

D R H E L Y C C P E J B M O S Q U I T O A G

N F H N G S G L Q E P V G Y X Y F M Q W A M

S L W P T V S M V H B R F T F B A H J X S

C Y X B Y F Y P L I C O A B W I S R U A C D

A M A E P L U R G L U R S J U M C A V C W V

R J T E R S R K V K P H S C A H M F M K Q C

A U Z U B Q Y F X Z V O H R E W A S P E E J

B R M V E M D Z C M Q R O F P G B N L T U Z

K O O Z I B V Y F J G G P N D U E O R B A K

O N U X H D Y X D V X J E M F R P E P I L O

V O Y H M C U J U B J X R K Q N R J N J V J

T I H V H S M N N E H V S J E Y F B X P J Y

M O O Y J P U Z E D I N C Y U M U R X S C P

H X R Y E D O E A N X J Q Y R N Z K P M E B

V Y Y B B S J W A T E R B U G F R Q W R H

SCARAB, WATER BUG, SILVERFISH, WASP, YELLOWJACKET, BUTTERFLY, QUEEN BEE, MOSQUITO, WEEVIL, TERMITE, THRIP, GRASSHOPER

```
W  C  H  [W  A  S  P]  Z  U  C  [S]  V  R  G  V  G  A  V  M  R  M  L
H  E  B  V  E  A  G  X  U  T  [I]  G  V  R  P  T  M  K  J  A  X  V
A  V  Y  N  E  L  M  W  H  S  [L]  J  [G  R  A  S  S  H  O  P  E  R]
P  Q  N  Q  G  O  N  I  F  N  [V]  V  X  Q  V  Z  D  L  F  L  E  [Q]
Y  S  U  A  V  A  O  Z  H  H  [E]  G  H  E  D  C  Q  W  M  E  E  [U]
A  M  [S]  S  R  R  Q  O  X  M  [R]  O  M  N  R  W  P  Q  N  I  P  [E]
U  X  [C]  G  A  G  J  J  R  N  [F]  J  R  Y  P  Z  W  Q  Y  F  V  [E]
X  Y  [A]  R  O  [M  O  S  Q  U  I  T  O]  J  T  W  J  H  E  Y  Z  [N]
Z  H  [R]  W  O  D  A  U  T  P  [S]  O  A  U  U  X  H  K  L  T  V
P  H  [A]  W  Q  L  D  E  D  I  [H]  W  D  B  V  H  T  B  W  P  E  [B]
Y  O  [B]  S  D  T  C  H  A  N  O  H  A  X  Y  J  E  I  H  U  K  [E]
F  I  K  U  F  X  L  [B  U  T  T  E  R  F  L  Y]  P  S  Q  B  S  [E]
B  W  M  G  X  O  [W  E  E  V  I  L]  F  L  L  T  O  R  S  F  A  S
Q  J  R  [W  A  T  E  R]  [B  U  G]  D  W  D  N  M  M  M  S  G  O
A  K  N  T  X  F  F  J  R  I  Z  R  H  H  L  J  [T]  X  K  W  L  O
C  F  G  S  Z  J  F  K  E  G  K  V  P  R  T  L  [E]  U  T  P  A  G
C  X  I  G  [Y  E  L  L  O  W  J  A  C  K  E  T]  [R]  L  T  E  F  A
[T  H  R  I  P]  Q  G  D  Z  Q  N  I  Y  Z  W  E  [M]  W  C  H  L  B
T  C  J  D  S  O  R  L  D  I  T  R  T  O  D  N  [I]  S  C  G  J  I
B  Z  P  M  Q  Y  N  W  Z  W  D  G  O  R  O  S  [T]  V  R  I  U  L
R  U  O  E  T  E  B  Z  Y  F  P  L  X  Q  G  V  [E]  Q  D  Z  F  O
N  C  N  S  F  L  U  C  B  S  F  T  N  M  A  C  K  F  M  H  G  J
```

BUTTERFLY, SCARAB, WATER BUG, WASP, TERMITE, WEEVIL, THRIP, MOSQUITO, SILVERFISH, YELLOWJACKET, QUEEN BEE, GRASSHOPER